TRASTORNO LÍMITE DE LA PERSONALIDAD

UNA GUÍA PARA ENTENDER Y MANEJAR EL TLP

AMANDA ALLAN

CONTENTS

INTRODUCCIÓN

¿Qué es el trastorno límite de la personalidad?

El Trastorno Límite de la Personalidad es uno de los trastornos más incomprendidos, y puede ser especialmente difícil de sobrellevar y comprender para los seres queridos. Las personas con Trastorno Límite de la Personalidad (TLP) experimentan casi constantemente un torbellino de emociones. Incluso las cosas más insignificantes pueden desencadenar emociones muy fuertes, que pueden ser increíblemente difíciles de regular para estas personas. Las personas con TLP también luchan con su autoestima, sus objetivos y lo que les hace felices o les molesta. Esto hace que se sientan confusos e inseguros de su propósito final, lo que puede ser emocionalmente desconcertante. Las personas con TLP también tienen un miedo intenso al abandono, lo que significa que les cuesta mucho estar solas y necesitan constantemente que los demás les tranquilicen.

Las personas con tendencias TLP suelen ser emocionalmente volátiles y a menudo alejan a los demás, ya que no tienen la misma capacidad de autocontrol que la mayoría. Por el contrario, pierden rápidamente el control emocional y les resulta muy difícil calmarse y recuperar la compostura. También pueden decir cosas hirientes a los que les rodean y comportarse de forma inaceptable e impulsiva cuando pierden el control emocional. Este tipo de comportamiento suele alejar a la gente, lo que les dificulta mucho mantener relaciones duraderas. Peor aún, los sentimientos de intensa culpa y vergüenza tras el episodio no hacen sino perpetuar este ciclo tóxico.

A pesar de lo difícil que esta enfermedad puede resultar tanto para quien la padece como para sus seres queridos, puede controlarse con el tratamiento adecuado, tiempo y paciencia. Si usted, o alguien cercano a usted, padece TLP, es importante que dedique tiempo a comprender los síntomas, el diagnóstico y los métodos de tratamiento para que pueda ser lo más comprensivo y comprensiva posible. Más adelante en este libro, aprenderá cuáles son los síntomas más comunes a los que debe prestar atención si sospecha que un ser querido padece TLP. También aprenderá a manejar la situación de la manera más empática y eficaz, para no causar más disgustos.

CAPÍTULO 1: PREGUNTAS FRECUENTES

Dado que el TLP es uno de los trastornos más incomprendidos, pensé en comenzar respondiendo algunas de las preguntas más frecuentes. Las que se enumeran a continuación cubren algunas de las preguntas más importantes que no sólo son útiles para la persona con TLP, sino también para sus seres queridos. Al familiarizarse con lo básico, será mucho más fácil asimilar algunos de los hechos más complejos. Con esto en mente, ¡comencemos!

Cinco preguntas frecuentes

¿Es frecuente la TLP?

En realidad, el TLP no es tan común como mucha gente cree. Curiosamente, sólo el 1,4% de las personas en Estados Unidos padecen TLP, y el 75% de ellas son mujeres. Esto no quiere decir que las mujeres sean necesariamente más susceptibles al TLP que los hombres, pero parece que a los hombres se les diagnostica erróneamente depresión o TEPT. Dicho esto, puede haber más personas con TLP de las que se han registrado; simplemente no han sido diagnosticadas.

Muchas personas tienen miedo de acudir a un psiquiatra para una evaluación exhaustiva, ya que están demasiado nerviosas por el juicio que pueda derivarse del resultado, o puede que lo nieguen. Sea cual sea el motivo, hay muchas personas que siguen esperando un diagnóstico. Esperemos que esto cambie en el futuro a medida que mejore la asistencia sanitaria y la gente esté mejor informada sobre el TLP.

¿Cuál es la mejor manera de animar a un ser querido a buscar ayuda?

La clave aquí es no ofender a la persona de ninguna manera. No quieres que parezca que están locos o fuera de lugar, ¡o seguro que *no* reaccionan bien! Hay que abordar la situación con empatía y cariño para que la persona baje sus defensas. Asegúrate de escuchar más de lo que hablas e intenta no hacer suposiciones hasta que les hayas escuchado. Háblales sólo cuando estén tranquilos, de lo contrario empeorarás la situación.

Por último, y lo más importante, diles que no te gusta verles sufrir y que quieres que reciban la ayuda que necesitan para volver a ser felices. Si aún no han recibido un diagnóstico, explícales lo liberador que será entenderse mejor a uno mismo y recibir la ayuda que se merece.

¿Cuál es la mejor manera de explicar la TLP?

Una de las mayores ideas falsas sobre el TLP es que significa que la persona tiene múltiples personalidades. Esto no es cierto. La mejor manera de explicar el TLP es que la persona lucha por regular sus emociones de la misma manera que la mayoría de la gente. Esto significa que sienten todo profundamente y a veces actúan de forma impulsiva como resultado de estos sentimientos intensos. Tienen un enfoque de "todo o nada" hacia las relaciones y la vida en general, lo que les hace ser muy emocionales y sensibles.

¿Cómo ayudo a un ser querido que está de subidón cuando no se encuentra bien?

Una cosa que hay que recordar sobre el TLP es que la persona suele pasar de sentirse absolutamente increíble a sentirse realmente deprimida y fuera de sí. Esta incapacidad para regular las emociones puede ser difícil no sólo para ellos, sino también para los que les rodean. Si nota que su ser querido con TLP está de subidón (a pesar de que su comportamiento sugiera lo contrario), pregúntese si es probable que su comportamiento cause daño a alguien más. Si es así, debes intervenir y ser sincero sobre tus preocupaciones. Si bien es cierto que a nadie le gusta que le digan lo que tiene que hacer, el simple hecho de compartir sus sentimientos con él y ver cómo se siente puede ser el empujón adicional que necesita para buscar ayuda profesional.

¿Es frecuente la recuperación total de la TLP?

La buena noticia es que la TLP no es una condena de por vida. Con el tratamiento y la terapia adecuados, se pueden eliminar muchos, si no todos, los síntomas asociados a este trastorno. Con el avance de la medicación y con la ayuda de terapeutas altamente capacitados, el porcentaje de personas que se recuperan del TLP está aumentando, con un impresionante 88% de pacientes previamente diagnosticados que ya no poseen síntomas que coincidan con los criterios del TLP. Por eso es tan importante buscar ayuda profesional en las primeras fases del trastorno, antes de que los síntomas creen demasiados problemas.

CAPÍTULO 2: SÍNTOMAS Y DIAGNÓSTICO

Si sospecha que un ser querido puede padecer un Trastorno Límite de la Personalidad, es muy buena idea familiarizarse con los criterios diagnósticos antes de reservar una cita con el médico. El Manual diagnóstico y estadístico de los trastornos mentales (DSM) contiene una lista de criterios con los que se relaciona cada trastorno psiquiátrico. Esto puede ayudar al lector a identificar cualquier síntoma coincidente. En este capítulo analizaremos estos criterios con más detalle y comprenderemos cómo y por qué se establecieron.

¿Cómo se establecen y evalúan los criterios?

Los criterios del TLP han sido establecidos por un equipo de profesionales médicos, entre ellos psiquiatras y psicólogos. Estos criterios se han recogido en el DSM. Los criterios se basan en la mejor investigación disponible en cada momento, pero a medida que la investigación continúa y mejora, los criterios también pueden ajustarse. Cada pocos años se publica una nueva edición del DSM con información actualizada basada en nuevas investigaciones, por lo que es importante mantenerse al día de cualquier cambio importante.

Evaluación

Hacer un diagnóstico incorrecto puede ser muy problemático para todos los implicados, por lo que es absolutamente vital que un profesional realice evaluaciones exhaustivas y precisas. Algunos de los síntomas clave del TLP están relacionados con una variedad de otros trastornos de salud mental, por lo que puede ser fácil confundirlos y hacer un diagnóstico incorrecto. Por lo general, el médico realizará una entrevista con usted en la que le hará diversas preguntas relacionadas con sus síntomas, y también puede pedirle que rellene un cuestionario detallado. Por último, no es raro que se sienten con sus seres queridos para conocer mejor sus síntomas y retos diarios. Todo esto puede ayudarles a obtener una visión más holística de su enfermedad y a realizar el diagnóstico más preciso.

Los nueve síntomas principales

En un esfuerzo por facilitar y aclarar el diagnóstico, los profesionales han agrupado en categorías los nueve síntomas más comunes que definen el TLP. Aunque estos síntomas no son ciertamente las *únicas* formas en las que se manifiesta el trastorno, son las más comúnmente reconocidas. Para ser diagnosticado, sus síntomas deben coincidir con al menos cinco de las nueve categorías de síntomas que voy a describir a continuación. Estos síntomas también tienen que haber estado presentes durante muchos años, desde la fase de la adolescencia temprana. Así que, con todo esto en mente, ¡vamos directamente a los nueve síntomas principales del TLP!

Cambios de humor extremos

Al igual que las personas con depresión o trastorno bipolar, las personas con TLP son propensas a sufrir intensos cambios de humor. Pueden pasar rápidamente de sentimientos de euforia a un abatimiento total, y tienen muy poco control sobre estos cambios. Un pequeño desencadenante que no alteraría a una persona normal puede hacer que se sumerjan en una montaña rusa de emociones incontrolables. Lo que diferencia al TLP de otros trastornos es el marco temporal de estos cambios de humor. Por ejemplo, las personas con TLP tienden a dejar atrás su cambio emocional tras sólo unos minutos o un par de horas, en comparación con los días o semanas que se observan en la depresión y el trastorno bipolar.

La regulación emocional es una capacidad que la mayoría de la gente da por sentada. Sin embargo, a las personas con TLP les resulta extremadamente difícil, hasta el punto de que afecta a su trabajo y a sus relaciones. Profundizaré en este tema en capítulos posteriores de este libro.

Comportamiento impulsivo y autodestrucción

Las personas con TLP tienen un intenso deseo de participar en conductas peligrosas e impulsivas que, en última instancia, acaban causándose dolor a sí mismas y a los demás. Algunos ejemplos de conductas impulsivas son el consumo excesivo de alcohol y drogas, las relaciones sexuales de riesgo, la conducción bajo los efectos del alcohol, el juego, los atracones de comida o el gasto excesivo de dinero. Independientemente de cómo se manifiesten, estos comportamientos buscan sensaciones y son autodestructivos, y sólo sirven para ayudar a la persona a sentirse mejor momentáneamente.

Sentimientos extremos de ira

Las personas con TLP tienen graves problemas para controlar su ira, y esto puede manifestarse de forma externa o interna. Las personas con TLP pueden arremeter contra amigos o familiares sin ningún motivo real, y esto puede ser extremadamente molesto. Pueden perderse en su ira lanzando objetos y gritando, incapaces de controlar las riendas y recuperar la compostura. Otra posibilidad es que dirijan su rabia hacia el interior y pasen la mayor parte del tiempo enfadados consigo mismos sin motivo aparente. Esto, como puedes imaginar, puede ser extremadamente problemático de tratar.

Sentimientos de sospecha y disociación

Las personas con TLP suelen tener la sensación de que los demás las juzgan o conspiran contra ellas, aunque no sea así. Es probable que esto provoque un aumento de los sentimientos de paranoia y puede crear una desconexión entre la realidad y su percepción. Cuando se sienten sometidos a un estrés y una presión crecientes, pueden empezar a disociarse de la realidad. Esto puede describirse como una experiencia extracorpórea, en la que se sienten literalmente como si vivieran en un plano diferente y separados de su propio ser.

Sensación de vacío

Las personas que padecen TLP a menudo dicen sentirse vacías por dentro, y sienten como si tuvieran un gran vacío que no pueden llenar. Lamentablemente, tienen dificultades para identificar exactamente lo que falta en sus vidas, por lo que intentan llenar este vacío con drogas, alcohol, comida o sexo. El problema es que estos sentimientos continuarán indefinidamente a menos que se aborden adecuadamente, ya que nada les hará sentirse realmente felices y contentos, a pesar de sus mejores esfuerzos.

Autolesiones

Uno de los aspectos más graves del TLP es el acto de autolesionarse y los pensamientos o tendencias suicidas. Las personas con TLP son más propensas a realizar conductas como cortarse, quemarse o purgarse, y estas conductas no sólo son deliberadas sino extremadamente peligrosas. A menudo, los actos deliberados de autolesión pueden salir terriblemente mal, aunque el individuo no tenga intención de suicidarse, por lo que pueden ser tan devastadores. Y lo que es aún más preocupante, los pacientes con TLP pueden intentar suicidarse. Esto suele comenzar con pensamientos y amenazas suicidas, pero es muy impredecible.

Miedo a ser abandonado

Las personas con TLP tienen un miedo intenso a ser abandonadas por sus seres más queridos. La mayoría de las veces, este miedo es completamente injustificado, pero aun así se siente extremadamente real y aterrador. Pueden sentirse desencadenados por el hecho de que un ser querido quede con un amigo para cenar o se marche el fin de semana para asistir a un acto de trabajo. Independientemente de lo inocente o efímera que sea la separación, la persona la siente como algo muy real y siente miedo de que su ser querido no vuelva nunca o quiera alejarse de él, ¡aunque esto esté muy lejos de la realidad!

Como reacción a estos sentimientos, suelen actuar gritando, iniciando peleas, aferrándose a ellos o incluso amenazándoles. Pueden hacer intentos de impedir que la persona se vaya e intentar seguir sus movimientos mientras está fuera. Tampoco son infrecuentes las llamadas telefónicas constantes. Desgraciadamente, estos patrones de comportamiento sólo conseguirán alejar a la persona. Esto puede resultar devastador para el individuo con TLP y puede interpretarse como una justificación de su miedo al abandono.

Desconectar con la autoimagen

Las personas que padecen TLP tienen tendencia a cambiar de trabajo, identidad sexual, religión, amigos, amantes y moral con mucha más frecuencia que la persona media. Dicho esto, ¡hay una muy buena explicación para esto! Los individuos con TLP tienen una visión muy tumultuosa de su propia imagen y tienden a ir de un extremo a otro. En un momento pueden sentirse seguros de sí mismos y atractivos, mientras que al siguiente pueden sentir que no valen nada. No tienen un sentido claro y preciso de sí mismos, lo que les dificulta determinar lo que quieren de la vida. Por ello, las personas con trastorno de personalidad dual rara vez se fijan objetivos en los que trabajar, lo que hace que se sientan perdidas.

Relaciones rocosas

Como puede imaginarse, las personas con este trastorno tienen dificultades para mantener relaciones sanas y duraderas con los demás y tienden a inclinarse más hacia relaciones pasionales y fugaces. En estas relaciones se suele idolatrar a la otra persona y colocarla en un pedestal; el individuo cree que esa persona es la única que puede salvarle de sus problemas. Esto, por supuesto, condena la relación desde el principio y suele acabar en lágrimas y decepción para ambas partes.

No es infrecuente que el individuo alardee desaforadamente de su amor y afecto por un nuevo interés romántico, para pasar rápidamente al desprecio y, finalmente, al odio en cuestión de meses, semanas o incluso días.

Recuerde siempre que los síntomas anteriores no son razonables por sí solos para autodiagnosticarse un TLP. Para obtener un diagnóstico preciso y fiable, es necesario visitar a su médico y concertar una cita con un psicólogo o psiquiatra.

Comorbilidades comunes

El TLP suele ir acompañado de afecciones adicionales debido a la naturaleza del trastorno. No es infrecuente que un psiquiatra haga un diagnóstico dual para las personas con TLP. Estas son algunas de las comorbilidades más comunes:

- Trastornos de ansiedad

- Trastornos alimentarios

- Trastorno bipolar

- Depresión

Es muy importante identificar lo antes posible cualquier comorbilidad existente. Si sólo se trata una parte del problema, será muy difícil que la persona responda adecuadamente a la ayuda que recibe.

¿Qué causa la TLP?

En este momento, los investigadores siguen intentando comprender la causa exacta del TLP. Los científicos creen que la serotonina, la sustancia química "feliz" que se encuentra en el cerebro, está relacionada con el desarrollo del TLP. Cuando esta sustancia química no se libera como debería, el cerebro es completamente incapaz de regular su estado de ánimo.

En segundo lugar, los científicos creen que es también el entorno del individuo el que tiene un impacto significativo. Crecer en un entorno familiar abusivo, poco cariñoso y generalmente inestable puede desempeñar un papel importante en el desarrollo del TLP. Por último, los estudios sobre gemelos han llevado a los investigadores a creer que la genética también desempeña un papel en el desarrollo del TLP.

Dado que los gemelos son genéticamente idénticos, sus genes pueden utilizarse para ayudar a los investigadores a diferenciar entre el papel de la genética y el del entorno a la hora de estudiar la posible causa de un trastorno. Esto significa que debe consultar su linaje familiar si le preocupa que pueda estar en riesgo.

¿Quién corre más riesgo?

Aunque tenemos una idea de algunas de las posibles causas del TLP, hay ciertos grupos de personas que tienen más riesgo que otros. Normalmente, las personas que tienen más probabilidades de desarrollar este trastorno pueden haber experimentado:

- Maltrato infantil

- Crecer rodeado de personas inestables o impulsivas

- Ser emocionalmente inestable de niño

- Vivir con un familiar con TLP

Si sospecha que puede padecer TLP, es importante que acuda a un profesional médico y se someta a una evaluación adecuada y precisa. Estar de acuerdo con más de una de las afirmaciones anteriores no significa que padezcas la enfermedad, así que busca siempre la opinión de un profesional.

CAPÍTULO 3: RECONOCER Y COMPRENDER LOS FACTORES DESENCADENANTES

Para comprender mejor a un ser querido con TLP y prevenir cualquier episodio no deseado, es una buena idea intentar comprender los desencadenantes de sus episodios. Casi todas las personas que padecen TLP tienen ciertos desencadenantes que pueden hacer que sus emociones se desborden, y pueden diferir según el individuo. Dicho esto, hay algunos desencadenantes muy comunes que se repiten en muchas personas, por lo que es importante estar atento a ellos.

Básicamente, un desencadenante puede describirse como un acontecimiento que hace que los síntomas se disparen sin control. Puede estar relacionado con un acontecimiento interno, como un recuerdo concreto, o con un acontecimiento externo, como que alguien levante la voz. Por ejemplo, ¿ha escuchado alguna vez una vieja canción que usted y un ser querido de su pasado solían escuchar? El simple sonido de esta canción puede desencadenar emociones fuertes inesperadas sobre las que tienes muy poco control. La misma idea se aplica a alguien con TLP, excepto que estos desencadenantes tienen lugar con más frecuencia y las emociones pueden ser mucho más intensas.

Los desencadenantes más comunes

Desencadenantes mentales

Se trata de uno de los tipos de desencadenantes más comunes. Estos desencadenantes no tienen por qué ser necesariamente negativos; puede ser un recuerdo positivo el que desencadene que la persona sienta que no está tan feliz y contenta como antes. Por el contrario, puede ser un mal recuerdo el que actúe como desencadenante. Puede tratarse de un acontecimiento traumático, como el acoso escolar o los malos tratos de los padres. Esto puede desencadenar emociones realmente intensas que pueden contrarrestar gravemente los síntomas del TLP de la peor manera.

Activadores de relaciones

Esto se relaciona con el miedo intenso a ser abandonado y rechazado, lo que puede dañar gravemente su autoestima hasta el punto de causar daños graves. Pueden recurrir a pensamientos suicidas, autolesiones, ira o miedo. Pueden arremeter con palabras hirientes o comportamientos compulsivos y peligrosos. Otro término para este tipo de desencadenante es sensibilidad al rechazo, y los TLP son especialmente propensos a ello.

Esto puede desencadenarse por algo tan pequeño e insignificante como una mirada de reojo de un colega o una llamada telefónica que no es atendida por un amigo. Mientras que la mayoría de la gente asumiría simplemente que la persona está ocupada, alguien con TLP lo pensaría hasta el punto de sentir que su amigo no le quiere o que le ignora. Esto puede derivar rápidamente en pensamientos intrusivos de que su amigo le odia y no quiere volver a relacionarse con él. La gran mayoría de las veces esto es completamente falso, ¡pero ellos no lo ven así!

Identificar los desencadenantes individuales

Aunque es fácil fijarse en los desencadenantes genéricos, cada persona tendrá su propio conjunto de desencadenantes personales que deberá identificar y comprender. De este modo, uno se prepara mejor para este tipo de situaciones y, con un poco de suerte, puede evitar un episodio. También te darás cuenta de que estos desencadenantes no surgen de la nada, sino que son el resultado de traumas no resueltos. Dicho esto, es hora de que profundices en el descubrimiento de estos desencadenantes para que puedas trabajar en el desarrollo de mecanismos de afrontamiento eficaces.

Si tú o tu ser querido os sentís preparados, podéis practicar el siguiente ejercicio para ayudaros a identificar vuestros factores desencadenantes y encontrar la manera de superarlos.

Prepare

Para dar este primer paso, es imprescindible que tengas la cabeza relativamente sana. Si te sientes frágil y emocional, espera hasta que te hayas despejado. Si tienes confianza en ti mismo y estás preparado para abordar tus problemas, coge un bolígrafo y un cuaderno y ponte manos a la obra. Busca un lugar tranquilo y silencioso en casa donde puedas estar a solas con tus pensamientos sin que nadie te moleste y ponte cómodo.

Trazar columnas

A continuación, dibuja tres columnas, cada una de ellas con un título diferente. El primer epígrafe debe ser el "desencadenante", el segundo "emociones/sentimientos" y el tercero "mi respuesta a este sentimiento o emoción".

Recordar una situación emocional

Para la siguiente parte, tendrás que ser fuerte y recordar un acontecimiento desencadenante en el que tuviste una respuesta emocional profundamente negativa ante una situación concreta. Tal vez tus padres se divorciaron o viviste un incidente traumático durante la infancia. Recuerda que no sólo tiene que ser una respuesta a algo que te hicieron, también puede ser una emoción interna como la vergüenza, la soledad o el vacío.

Independientemente del origen del desencadenante, tienes que encontrar la fuerza para recordar y reconocer que ocurrió, para poder pasar a la siguiente fase.

Explore y localice sus emociones

Para el siguiente paso, tendrás que hacer todo lo posible por identificar cómo te sentiste. ¿Cuál fue tu respuesta a este desencadenante? Aunque no siempre es fácil, debes intentar identificarla con la mayor precisión posible. Puede que te sintieras ansioso, celoso, enfadado, solo o simplemente triste. Sea cual sea la emoción, anótala. Si has sentido más de una, anótalas todas en la columna "emociones/sentimientos". Tómate tu tiempo y no tengas prisa.

Cómo ha respondido

Para la siguiente columna, tendrás que pensar en cómo respondiste a estas emociones. ¿Te diste un atracón de comida poco después del incidente o te fuiste directamente al bar para un episodio de borrachera? ¿Recurriste a las drogas? Sea cual sea tu respuesta, intenta recordarla con precisión y anótala. De nuevo, ¡puede haber más de una respuesta!

Recuerda que tu respuesta no tiene por qué ser necesariamente negativa. Tal vez hayas respondido bien al desencadenante.

Repita

Sigue los pasos anteriores para al menos dos o tres recuerdos más y rellena las columnas. Intenta hacer tantos recuerdos precisos como puedas. Si sólo recuerdas unos pocos, no pasa nada.

Búsqueda de patrones

A continuación, vas a prestar especial atención a la columna que dice "desencadenantes", ya que esto es lo que quieres intentar comprender. ¿Ves algún patrón en tu lista de desencadenantes? Tal vez haya ciertas personas en tu vida que aparecen repetidamente, o ciertos lugares. ¿Te desencadenan repetidamente las emociones negativas los espacios grandes y abiertos con mucha gente, o las situaciones en las que estás completamente solo? Sea cual sea el patrón, fíjate si puedes identificarlo. Anótalo.

Intenta clasificar estas emociones en categorías específicas. Por ejemplo, "tristeza y vacío cuando se está solo durante largos periodos de tiempo" podría ser una emoción y situación común que puedes categorizar.

Llevar la cuenta

A partir de ahora, no te limites a seguir adelante y olvidarte de la lista. Esfuérzate por supervisar continuamente y añadir a las columnas cualquier emoción o desencadenante nuevo. Asegúrate de reflexionar sobre la situación, las emociones que sentiste y tu respuesta a cómo te hizo sentir. Ahora, vuelve a echar un vistazo a tu lista y comprueba si detectas algún patrón nuevo. Toma nota de todo, incluso de los pequeños detalles.

Anticipar y comunicar

Ahora que tienes una comprensión más clara de tus desencadenantes, reacciones y patrones comunes de ellos combinados, debería ser mucho más fácil predecir una situación desencadenante y evitarla. Una vez que tengas esta habilidad, descubrirás que te resultará más fácil evitar las situaciones desencadenantes y prevenir cualquier espiral emocional innecesaria. También tendrás una gran referencia de tus desencadenantes a la hora de desarrollar estrategias de afrontamiento adecuadas, lo que también supone un gran paso adelante.

Una vez que se sienta preparado, debería compartir sus patrones desencadenantes con un ser querido o un profesional. Tu terapeuta podrá ayudarte a desarrollar estrategias para manejar estas situaciones desencadenantes a nivel profesional, lo que significa que estarás bien equipado para seguir adelante.

Cómo evitar los desencadenantes

Ahora que sabes cuáles son tus desencadenantes, probablemente te preguntes qué hacer a partir de ahora. Puede parecer que la respuesta obvia es simplemente evitar los desencadenantes como si fueran la peste, pero evitarlos por completo no siempre es la opción más fácil y realista. Dicho esto, hay algunas situaciones que puede evitar simplemente haciendo el esfuerzo de planificar su horario en función de ellas o simplemente decidiendo no participar en determinadas actividades.

Por ejemplo, si un determinado familiar o amigo es un desencadenante habitual para usted, puede dejar de hacer planes con él o cancelar cualquier compromiso próximo. Esto puede resultar más fácil si se trata de un amigo íntimo. A veces puede resultar más complicado distanciarse de los miembros de la familia, sobre todo si vives con ellos. En este tipo de situaciones, evitarlos no es necesariamente la solución. Si puedes mantenerte alejado de ciertos lugares que te provocan ansiedad, hazlo. Sin embargo, si el lugar o la persona que te desencadena es tu lugar de trabajo y tu jefe, te va a resultar muy difícil evitarlo (a menos que renuncies, lo cual no siempre es realista).

A menudo, no es posible evitar por completo todos los desencadenantes, por lo que tendrás que idear estrategias alternativas para afrontarlos. Esto es especialmente importante si la situación constituye una parte importante de tu vida. Aunque pueda parecer que la opción más fácil es huir de ellos, no siempre es realista ni saludable. En este caso, tendrás que sentarte con tu terapeuta y hablar sobre el desarrollo de un plan de acción desencadenante que puedas seguir para superar estas situaciones.

CAPÍTULO 4: TRATAMIENTO DEL TRASTORNO LÍMITE DE LA PERSONALIDAD

Como todo en la vida, ¡siempre hay un resquicio de esperanza si lo buscas! Afortunadamente, existen varias opciones de tratamiento prometedoras para el TLP entre las que puede elegir. El TLP suele tratarse con una combinación de terapia y medicación, pero los estilos de tratamiento y los tipos de medicación pueden variar. En este capítulo, aprenderá sobre las diferentes opciones de tratamiento que su médico le sugerirá.

Medicamentos

En primer lugar, comenzaré con algunas de las opciones de medicación que los médicos suelen prescribir para el tratamiento. Los medicamentos pueden ser especialmente beneficiosos para el tratamiento de los síntomas de depresión y ansiedad que suelen estar presentes en el TLP. Es importante saber que no existe una medicación específica, aprobada por la FDA, que esté diseñada específicamente para el tratamiento del TLP, sino que hay ciertas medicaciones que parecen ayudar con muchos de los síntomas asociados con él.

¿Por qué debería probar los medicamentos?

Muchas personas se muestran escépticas a la hora de tomar medicamentos, sobre todo la primera vez. A veces, la dosis no es la adecuada o la persona reacciona mal a la medicación, lo que puede desanimarla. Sin embargo, con un poco de ensayo y error y perseverancia, se puede encontrar el medicamento adecuado, lo que puede cambiar radicalmente la calidad de vida. Tomar la decisión de encontrar la medicación adecuada para tratar su enfermedad es una decisión responsable que mejorará su trabajo y sus relaciones personales.

Tomar medicamentos también puede ayudar a controlar síntomas específicos como la ansiedad, los cambios de humor, la depresión y la paranoia. Abordar estos síntomas de frente es una forma excelente de asegurarse no sólo de que se controlan, sino también de que no empeorarán con el tiempo. Asegurarse de tomar los medicamentos con regularidad también le protegerá de los pensamientos y acciones suicidas que pueden acompañar a la TLP. Por último, tomar la medicación también ayudará a minimizar y prevenir cualquier trastorno concurrente que pueda existir junto con el TLP. Entre ellos se incluyen el trastorno bipolar, los trastornos alimentarios, los trastornos por consumo de sustancias, la depresión y la ansiedad.

Medicamentos comunes

Antipsicóticos

Los fármacos antipsicóticos se utilizan habitualmente para tratar los problemas de ira asociados al TLP. Aunque se ha demostrado que ayudan con la ira y la impulsividad, parecen tener algunos efectos secundarios graves que son difíciles de ignorar. Por eso muchos médicos sólo los recetan en casos realmente graves, ya que pueden empeorar otros síntomas del TLP con el tiempo. Uno de los efectos más preocupantes de los antipsicóticos a largo plazo son los temblores involuntarios graves que pueden no desaparecer nunca. Si se requieren antipsicóticos, el paciente debe ser monitorizado cuidadosamente durante todo el proceso. Algunos de los antipsicóticos más comunes son Loxitane, Decanoato de Prolixina, Navane y Haldol.

Cada uno de ellos tiene sus propios síntomas específicos que el médico analizará y prescribirá en consecuencia.

Estabilizadores del estado de ánimo

Como su nombre indica, los estabilizadores del estado de ánimo (o anticonvulsivantes) suelen recetarse para tratar los síntomas del TLP. En particular, estos medicamentos se dirigen a la impulsividad y los cambios de humor que son tan frecuentes cuando se trata de TLP. Algunos de los estabilizadores del estado de ánimo más comunes son Lamictal, Lithobid, Tegretol y Depakote.

Uno de los estabilizadores del estado de ánimo más comunes, Lithobid, puede causar los siguientes efectos secundarios:

- Aumento de peso

- Mareos y fatiga

- Acné

- Vómitos y náuseas

- Temblores

- Complicaciones tiroideas y renales

En general, cada tipo de anticonvulsivo tiene sus propios efectos secundarios, similares a los del Lithobid: aumento de peso, fatiga y erupciones cutáneas son los más frecuentes. Tu médico te lo explicará todo y te aconsejará que le informes si los efectos secundarios son demasiado graves. También le hará las pruebas pertinentes para asegurarse de que su organismo funciona correctamente mientras toma el medicamento.

Antidepresivos

Los antidepresivos se recetan habitualmente a las personas que sufren depresión crónica; actúan alterando las sustancias químicas del cerebro en favor de un estado de ánimo más alegre y luminoso. De hecho, diversos estudios realizados en todo el mundo han descubierto que al 80% de los pacientes con TLP se les recetan antidepresivos. Dado que el bajo estado de ánimo es uno de los síntomas más comunes del TLP, puede ser una buena idea probar un antidepresivo para contrarrestar algunos de estos síntomas. Dicho esto, hay muchos antidepresivos disponibles en el mercado, con distintas potencias y efectos secundarios. Lo difícil es encontrar el que mejor se adapte a ti, ya sea directamente o mediante el método de ensayo y error.

Los antidepresivos se dividen en dos categorías principales: los inhibidores selectivos de la recaptación de serotonina (ISRS) y los inhibidores de la monoaminooxidasa (IMAO). La diferencia entre ambos es que los IMAO actúan bloqueando ciertas sustancias químicas del cerebro, mientras que los ISRS se centran principalmente en ayudar al cerebro a producir más serotonina (la sustancia química de la felicidad en el cerebro). En cuanto a las preferencias, los ISRS suelen ser los antidepresivos más utilizados, ya que suelen ser más eficaces y parecen tener menos efectos secundarios.

Dicho esto, sigue habiendo algunos efectos secundarios asociados a los ISRS, pero no son tan graves como los de sus homólogos y suelen ser de corta duración y de gravedad moderada. Los ISRS más recetados son Paxil, Prozac y Luvox.

Cada uno de ellos tiene efectos ligeramente diferentes, pero su médico se los recetará en función de sus síntomas específicos.

Ansiolíticos/Antitansiedad

Los ansiolíticos se prescriben habitualmente para el tratamiento de la ansiedad grave en pacientes con TLP. La ansiedad es un síntoma excepcionalmente común en las personas con TLP, y su ansiedad no es como la de la mayoría de los demás. Sí, todos experimentamos algo de ansiedad en el día a día si tenemos un gran proyecto o acontecimiento a la vuelta de la esquina, ¡pero esto no es comparable a cómo lo experimenta alguien con TLP! La ansiedad prolongada que dura varias horas e incluso días puede ser extremadamente debilitante, por lo que es vital que se proporcione tratamiento lo antes posible.

Los ansiolíticos actúan haciendo que el cerebro libere más ácido gamma-aminobutírico (GABA), que ayuda a calmarlo y a ser menos receptivo a la angustia. Cuando se trata de estos medicamentos, la fatiga y la confusión mental no son infrecuentes, lo que puede ser problemático. Otra preocupación es que no se puede dejar de tomar ansiolíticos de inmediato si no funcionan. Esto puede provocar síntomas de abstinencia graves, como convulsiones, aumento del ritmo cardíaco, temblores, mareos y náuseas. Siempre debe consultar a su médico antes de plantearse dejar de tomarlos, para que pueda ir reduciéndolos gradualmente. Los ansiolíticos más comunes son Valium, Xanax, Klonopin y Ativan.

Todos los medicamentos disponibles pueden resultar abrumadores, pero recuerde que su médico trabajará con usted para encontrar los más adecuados. Algunas personas tienen mucha suerte y consiguen encontrar el medicamento correcto rápidamente, mientras que otras tienen que probar unos cuantos antes de dar con el adecuado. En cualquier caso, el esfuerzo merece la pena.

Las mejores opciones de psicoterapia

La psicoterapia se utiliza muy a menudo junto con la medicación para tratar eficazmente el TLP. Aunque la medicación es importante para regular las sustancias químicas del cerebro, la psicoterapia es vital por varias razones. La psicoterapia proporciona al paciente las herramientas mentales para hacer frente a los síntomas del TLP sin depender únicamente de la medicación. También ayuda al paciente a ser más consciente de las emociones de los que le rodean y le ayuda a controlar la impulsividad y la ira.

Terapia dialéctica conductual (DBT)

Este primer método de tratamiento se diseñó inicialmente con el único fin de tratar el TLP, pero debido a su eficacia, ahora se ha convertido en un tratamiento habitual para otras diversas afecciones, como los trastornos alimentarios y el abuso de sustancias. La DBT es una forma de terapia cognitivo-conductual, lo que significa que su objetivo principal es cambiar la forma de pensar del paciente para que desarrolle patrones de pensamiento más saludables. El objetivo es que aprenda a afrontar mejor las situaciones estresantes, a gestionar sus emociones y a mantener relaciones sanas con quienes le rodean.

La DBT puede adoptar muchas formas diferentes y suele dividirse en tres tipos de terapia: de grupo, individual y de entrenamiento telefónico. Dependiendo de las preferencias y necesidades del paciente, éste puede optar por ver a un terapeuta cara a cara o participar en un grupo con un terapeuta formado para aprender a gestionar sus emociones. También pueden llamar a su terapeuta para pedir consejo si creen que se encuentran en una situación que no pueden controlar y necesitan orientación profesional. Como enfoque psicoterapéutico basado en la evidencia, la DBT se divide en varias técnicas diferentes, que enumero y explico a continuación.

Tolerancia a la angustia

Esta primera técnica es vital para el tratamiento del TLP, ya que ayuda al paciente a aprender a afrontar eficazmente las situaciones angustiosas. En lugar de perder el control, la tolerancia a la angustia le ayudará a mantener la calma en cualquier situación utilizando cuatro técnicas clave. Estas técnicas son la distracción, el auto apaciguamiento, la mejora del momento y la comparación de los pros y los contras de controlar las emociones frente a perder la calma y crear drama. La clave está en aprender a distraerse para tener más tiempo para pensar antes de reaccionar.

Un buen ejemplo de un ejercicio común de tolerancia a la angustia es aconsejar al paciente que realice una actividad que permita que sus emociones sigan a su cuerpo. Puede ser dar un paseo al aire libre, tocar un instrumento o escribir sus sentimientos.

Regulación de las emociones

La regulación de las emociones es una habilidad vital que le permite gestionar sus emociones para que no se apoderen por completo de sus pensamientos y acciones. Esto se consigue identificando y nombrando los sentimientos para comprenderlos mejor y transformarlos en algo más positivo. Básicamente, el objetivo es transformar las emociones negativas en otras más positivas, lo que sólo puede hacerse identificando las emociones que se sienten.

Por ejemplo, si te sientes herido o frustrado por las acciones de tu pareja, es posible que quieras distanciarte de ella y evitarla por completo. Al regular tus emociones, puedes enseñarte a ti mismo a pasar tiempo con ellos y comunicarte para poder resolver el conflicto y construir una relación sana.

Eficacia interpersonal

Este siguiente método es clave para ayudar al paciente a mantener y establecer límites saludables dentro de una relación sin dañar dicha relación. Esta técnica proporciona al paciente las herramientas para decir "no" practicando una comunicación eficaz, aprendiendo a respetarse a sí mismo y a los demás, y aprendiendo a tratar con personas difíciles. Se divide en lo que se conoce como los pasos GIVE, que se enumeran a continuación:

- **Con delicadeza**: Evita la agresividad y atacar a la otra persona cuando expreses una opinión.

- Interés: Utiliza la escucha eficaz dejando hablar a la otra persona y escuchando lo que tiene que decir.

- Valida: Muestra a la otra persona que reconoces sus pensamientos y sentimientos.

- Fácil: muéstrale que eres firme pero desenfadado, sonriendo y siendo positivo.

Mindfulness

La atención plena es otro enfoque clave utilizado en la DBT, ya que ayuda al paciente a aprender a vivir el momento y a reconocer su entorno. La atención plena le ayuda a ser más consciente de sus sentidos, impulsos y emociones de un modo positivo y sin prejuicios. Al ralentizar las cosas y vivir el presente, uno se capacita para afrontar situaciones y emociones difíciles con calma y sensatez. El mindfulness previene los arrebatos emocionales o agresivos, frecuentes en los pacientes con TLP.

Cuando se trata de practicar mindfulness, los ejercicios de respiración son un comienzo habitual. Por ejemplo, muchos ejercicios de mindfulness consisten en prestar atención a cada inhalación y exhalación. Debes ser consciente de cómo te sientes y del movimiento del pecho al subir y bajar. Lo mismo puede aplicarse a la alimentación, y por eso la atención plena también se utiliza habitualmente para tratar diversos trastornos alimentarios, ya que enseña al paciente a centrarse en el sabor y la experiencia de disfrutar de la comida en lugar de utilizarla como forma de evasión.

Terapia basada en la mentalización (MBT)

La terapia MBT es otro enfoque basado en pruebas que utiliza una combinación de enfoques psicoanalíticos modernos y antiguos para tratar el TLP. Esencialmente, la mentalización se refiere a hablar con uno mismo de tal manera que uno entiende y reconoce sus pensamientos y sentimientos de una manera sana, creando así un sentido estable de sí mismo. Los expertos creen que la TMB es eficaz para el TLP, ya que implica una formación muy básica y aborda los problemas clave relacionados con el TLP; esto es, principalmente la incapacidad para gestionar y comprender las emociones. Las personas con TLP a menudo se sienten abrumadas e incapaces de hacer frente a sus emociones, lo que a menudo puede conducir a comportamientos autodestructivos. La MBT aborda este problema dándoles las herramientas para identificar y gestionar estas emociones, evitando así un estallido emocional o comportamientos perjudiciales.

El tratamiento suele ser a largo plazo y puede durar entre un año y 18 meses. En las sesiones de terapia se habla abiertamente de lo que ocurre en la vida del paciente, incluidas las dificultades o los acontecimientos traumáticos. No obstante, también se anima al paciente a hablar de sus familiares y amigos íntimos, ya que sus acciones y pensamientos también influyen. El objetivo es que el paciente reconozca y comprenda sus propias emociones y las de los demás, lo que le permitirá manejar mejor sus impulsos y reacciones en una situación estresante.

Terapia centrada en esquemas

La idea principal que subyace a la terapia centrada en los esquemas es que los traumas de la infancia influyen directamente en la forma en que percibimos el mundo que nos rodea. Cuando no se satisfacen las necesidades básicas de la infancia, como el amor y la aceptación, se desarrollan esquemas tempranos inadaptados. En otras palabras, el individuo es incapaz de procesar y comprender las emociones, por lo que responde de forma poco saludable. La teoría de los esquemas apoya el hecho de que los síntomas del TLP son a menudo el resultado de experiencias traumáticas de la infancia, lo que significa que la terapia centrada en los esquemas es una de las mejores formas de tratar estos síntomas.

Los esquemas pueden describirse como patrones generales de pensamiento y comportamiento que, en última instancia, determinan cómo vemos el mundo y la forma en que reaccionamos ante determinadas situaciones. Las cosas pueden ir mal cuando los esquemas de la infancia se deforman debido a situaciones estresantes o traumáticas, y esto puede desencadenar una respuesta traumática si se presenta una situación similar en la vida adulta. Esencialmente, el desarrollo de esquemas poco saludables o tóxicos en la infancia tiende a trasladarse a la edad adulta. El objetivo de la terapia de esquemas es abordar y rectificar estos problemas para que dejen de desencadenar una respuesta malsana.

A estas alturas probablemente te estés preguntando qué aspecto pueden tener estos esquemas insanos en alguien con TLP. Bien, las personas con TLP suelen tener un miedo intenso al abandono, lo que significa que les aterroriza que sus seres queridos les abandonen. Como consecuencia, pueden abandonar a las personas que les importan en un intento de irse antes de que ellos mismos sean abandonados. También pueden entablar relaciones en las que se les trate injustamente, ya que así es como fueron educados para ser tratados. Otra posibilidad es que se aferren demasiado a sus seres queridos, lo que se conoce como "enmeshment". Esto significa que sienten que no pueden estar satisfechos o tener éxito sin un ser querido, por lo que se vuelven demasiado dependientes de los demás. En el extremo opuesto, pueden aislarse del mundo que les rodea porque sienten que no encajan. En definitiva, el esquema depende totalmente de las experiencias pasadas del individuo.

Cada individuo responde a los esquemas infantiles de forma diferente, y éstos pueden definirse como tres métodos distintos de afrontamiento:

1. Sobrecompensación: Se refiere a que el individuo se comporta de manera extrema cuando se expone a una situación que le recuerda un esquema temprano, por lo que realiza conductas que son el extremo opuesto a este esquema.

2. Rendición: Esto significa que el individuo se comporta de una manera que refuerza sus esquemas infantiles.

3. Evitación: Significa que la persona se esfuerza deliberadamente por evitar situaciones que desencadenan sentimientos de estrés, ansiedad y vulnerabilidad.

Una vez que el terapeuta ha identificado en qué categoría encaja su paciente, puede dirigir la terapia en consecuencia. La terapia centrada en el esquema ha demostrado ser eficaz para los pacientes con TLP y debe practicarse junto con la medicación prescrita por un profesional.

Terapia centrada en la transferencia

Lo que diferencia a este tipo de terapia de otras es el hecho de que el terapeuta se centra en los comportamientos preocupantes que surgen durante la sesión de terapia y no fuera de ella. El objetivo clave es ayudar al individuo a desarrollar formas más sanas de afrontar los comportamientos autodestructivos mejorando su autoestima. Esta idea se centra en el significado de transferencia, que esencialmente significa la proyección de las emociones y sentimientos de uno en otro. La persona no suele ser consciente de ello, por lo que proyecta inconscientemente sus sentimientos de miedo o ira en una persona desprevenida como método de afrontamiento.

Como ya estarás pensando, ¡ésta no es la forma más sana de tratar tus pensamientos y emociones! Teniendo esto en cuenta, un terapeuta supondrá que se producirá transferencia entre el paciente y el terapeuta, e intentará desentrañar el significado que hay detrás de este hecho. El terapeuta logrará esto pidiendo al paciente que identifique ejemplos de transferencia en la sesión de terapia, y luego podrá descubrir cómo el paciente puede manejar mejor esto fuera de la sala de terapia.

Esta terapia funciona utilizando la teoría de las relaciones objetales, que hace hincapié en el hecho de que los seres humanos se relacionan mejor con las conexiones sociales que con la agresión o el sexo. Esencialmente, se enseña a los pacientes que así es como cada persona quiere conectar y se fomenta la comunicación abierta sobre esta base. El objetivo principal es ayudar a aliviar síntomas como la impulsividad, la agresividad, los pensamientos suicidas, la ansiedad y las autolesiones. El terapeuta tendrá que desarrollar un vínculo de confianza entre él y el paciente, ya que éste tendrá que abrirse de verdad al terapeuta para poder responsabilizarse de sus actos y hacer los cambios necesarios. En otras palabras, tiene que dejar de culpar a su diagnóstico por su comportamiento y asumir la responsabilidad de su tratamiento haciendo lo que hay que hacer.

Consejos para sacar el máximo partido a la terapia

Si bien la terapia puede ser increíblemente beneficiosa para mejorar los síntomas del TLP y tener una perspectiva más saludable de la vida, al principio puede resultar intimidante. Si realmente desea ver cambios positivos, debe comprometerse y participar plenamente en las sesiones de terapia. Sin positividad y compromiso, usted o sus seres queridos están desperdiciando tiempo y dinero valiosos, lo cual no es justo para nadie. Con esto en mente, voy a repasar algunos consejos eficaces que puede seguir para sacar el máximo partido a la terapia.

Rodéese de apoyo

Antes de iniciar cualquier tipo de terapia, asegúrese de contar con un sistema de apoyo sólido en el que pueda confiar. Puede ser fácil autoaislarse cuando se siente abrumado o juzgado, y esto puede ser muy perjudicial para el progreso. Si no tiene un amigo o familiar que le proporcione el apoyo que necesita, puede beneficiarse enormemente de un grupo de apoyo para TLP. Podrá charlar abiertamente con otras personas que están atravesando luchas similares, y ésta puede ser una buena manera de practicar la comunicación abierta antes de comenzar con la terapia.

Participe activamente en su tratamiento

Puedes tener al mejor terapeuta del mundo y una estructura de apoyo increíble, pero sin tu compromiso personal no verás grandes progresos. Para crecer y superar tus problemas, tienes que participar activamente y estar presente en las sesiones de terapia. Por difícil que resulte, la honestidad y la transparencia con el terapeuta son la mejor forma de lograr avances significativos y establecer una buena relación. Haga tantas preguntas como pueda y nunca tenga miedo de investigar antes de la sesión de terapia para tener las preguntas preparadas.

En segundo lugar, nunca tengas miedo de cambiar tu plan de tratamiento si crees que no te está funcionando. Con tantos métodos de tratamiento disponibles, seguro que encuentras uno que te funciona bien.

Asegúrese de que dispone de un plan de seguridad

El viaje a través de la terapia puede ser a la vez gratificante y desafiante, y a menudo está lleno de emociones difíciles. A veces estas emociones son manejables, mientras que otras pueden ser realmente abrumadoras y dar lugar a pensamientos e impulsos peligrosos. Para evitarlos, elabore un plan de emergencia en el que pueda confiar.

La idea es tener un plan que puedas utilizar cuando las cosas vayan mal y te sientas solo; esto puede incluso salvarte la vida. Cuando te encuentres bien mentalmente, elabora un plan que puedas seguir si te sientes impulsivo y quieres autolesionarte. Puedes guardarlo para cuando tengas miedo o te encuentres en una situación perjudicial, y puede salvarte de tomar una mala decisión.

Cuidar el cuerpo

Aunque es increíblemente importante cuidar bien de tu salud mental, tu salud física también es un aspecto vital. Llevar una dieta sana y equilibrada y hacer ejercicio con regularidad te ayudará a sentirte mejor física y mentalmente. Cuidar tu cuerpo es bueno para tu confianza y autoestima, lo que repercute directamente en tu estado de ánimo y autoconciencia. También debes asegurarte de que duermes bien, manteniendo un horario de sueño regular. Por último, dedica tiempo a actividades que te relajen y aporten alegría a tu vida, ya que es una forma excelente de mantener a raya el estrés.

Una vez que consiga una buena rutina, le resultará mucho más fácil controlar los síntomas del TLP y comprometerse plenamente con la terapia.

CAPÍTULO 5: TÉCNICAS PARA AYUDAR A UN SER QUERIDO

Si estás leyendo este libro porque tienes un ser querido con TLP, ya sabrás lo agotador que puede ser emocional y mentalmente. Usted ama profundamente a esa persona y, sin embargo, se siente impotente ante su enfermedad. Si se siente identificado, sepa que no está solo. Vivir con alguien que padece TLP puede significar días de confusión emocional, con la persona que lo padece sometida a una inmensa angustia emocional. Cuando lleguen esos días, necesitará armarse con las herramientas para ser la mejor estructura de apoyo posible, que es exactamente lo que aprenderá en este capítulo.

Las mejores estrategias de afrontamiento

Establecer una buena relación mediante la confianza y el respeto

Como ya sabrá, las personas con TLP suelen tener antecedentes de traumas infantiles. Esto significa que pueden tener una visión desconfiada de los demás y del mundo en general, lo que les hace sentirse vulnerables e inseguros. Como ser querido en su vida, es tu trabajo hacer todo lo posible para inculcarles una sensación de seguridad y confianza. Demuéstreles que confía en su capacidad para tener éxito y ser la mejor versión posible de sí mismos. Aunque pueda resultar tentador tomar decisiones por ellos, es mejor que les guíes en la dirección correcta y que, en última instancia, les permitas tomar la decisión final.

Esté siempre dispuesto a ofrecer ayuda y consejo, pero sólo cuando se lo pidan. Transmíteles su voluntad de ofrecer siempre una mano amiga o de estar ahí para escuchar, pero nunca sea demasiado insistente. Cuando sus seres queridos sientan que pueden confiar en su comprensión y sus conocimientos, se sentirán más capaces de afrontar otros retos por sí mismos.

Fomentar e identificar los puntos fuertes

Los individuos con TLP suelen tener un sentido fracturado del yo y de la identidad, lo que significa que en general no están seguros de lo que les hace únicos. Tienen una idea distorsionada de cómo les ven los demás, lo que aumenta su ansiedad. Dicho esto, ayudarles a identificar sus principales puntos fuertes es una forma excelente de reforzar su confianza y desarrollar una mejor comprensión de quiénes son. Puede hacerlo identificando y recordando situaciones en las que haya demostrado un punto fuerte o atributo positivo. Recuerda ese momento con ellos y anímales a repetir ese comportamiento y recuérdales por qué hicieron un buen trabajo.

Dicho esto, asegúrese siempre de ser totalmente sincero con ellos a este respecto. Aunque el objetivo es aumentar su confianza, asegúrate de que lo haces para ayudarles de verdad y no para darles falsas esperanzas.

Infórmate

Una de las cosas más importantes que puedes hacer por un ser querido con TLP es informarte sobre el trastorno. Dicho esto, el hecho de que estés leyendo este libro significa que ya has recorrido la mitad del camino, así que ¡bien hecho! Además, es importante que comprenda bien el TLP para que pueda responder de la mejor manera posible. Recuerde que es su responsabilidad evitar echar leña al fuego, especialmente cuando su ser querido está experimentando un episodio emocional grave. Si responde de forma calmada y útil, tendrá más probabilidades de calmar la situación y proporcionar una sensación de calma.

Por ejemplo, alguien con TLP puede ver una situación completamente normal como una oportunidad para provocar una discusión. La cancelación de una cita para tomar un café por una razón legítima puede hacerles creer que están siendo abandonados o rechazados, y esto puede llevarles a arremeter contra ellos. En lugar de simplemente reprogramar la cita, el individuo TLP puede evitar por completo futuras interacciones o exigir ser atendido de inmediato. Independientemente del resultado, la persona con TLP puede responder con una reacción emocional intensa que puede alejar a los demás. La mejor manera de manejar esto es comprender que simplemente están respondiendo como resultado del miedo y no del odio, y usted necesita hacer todo lo posible para transmitir comprensión. Recuerda que simplemente se sienten incomprendidos y buscan consuelo y comprensión de alguien que les importa.

Sea una fuente de confianza

Como sabes, las personas con TLP suelen tener un pasado tumultuoso en lo que se refiere a la confianza. De niños, pueden haber crecido en un hogar donde sentían que no tenían a nadie a quien recurrir en busca de consejos confiables. De hecho, es posible que su confianza se haya roto en múltiples ocasiones. Aquí es donde usted puede ser su faro de esperanza: demuéstreles que pueden confiar en usted con total confidencialidad. A menos que lo que te cuenten pueda perjudicarles a ellos o a otros, guárdate lo que te digan para construir una base de confianza y honestidad. Haga todo lo posible por cumplir sus promesas y evite defraudarles en el último momento.

Dicho esto, no hagas promesas que no puedas cumplir. Más bien, fija límites que sean realistas y se ajusten a tu horario, de modo que puedas estar allí cuando digas que estarás y establecer una relación de confianza.

Fomentar la asistencia profesional

Para cualquier persona puede resultar muy desalentador buscar ayuda profesional, sobre todo cuando puede descubrir aspectos más oscuros de sí misma que no está dispuesta a descubrir. Esto es especialmente cierto en el caso de las personas con TLP, a pesar de que la terapia puede ayudarles a afrontar la ansiedad y la depresión. Puedes intervenir animándoles a dar este valiente salto y proporcionándoles información sobre el camino a seguir. También puede ayudarles a concertar su primera cita, si se sienten cómodos.

La terapia individual y de grupo puede ser increíblemente eficaz para tratar los síntomas del TLP, especialmente si la persona sufre depresión, ansiedad o se autolesiona. La oportunidad de hablar de ello con un profesional puede ayudarles realmente a abrirse y explorar formas alternativas de gestionar sus intensas emociones.

Vigilar de cerca las tendencias suicidas

Las personas con TLP tienen muchas más probabilidades de suicidarse que la población general, lo que significa que tendrás que tomártelo muy en serio. Si alguna vez te lo plantean o te dan señales que lo indiquen, debes tener una conversación seria con ellos. Sé transparente con ellos expresándoles tus preocupaciones e intenciones de tomar medidas si crees que son un peligro para sí mismos. No tengas miedo de ponerte en contacto con un profesional o con un teléfono de ayuda al suicida si crees que tu ser querido tiene problemas graves.

Si se trata de una falsa alarma, pueden enfadarse o avergonzarse. Sin embargo, más vale prevenir que curar, así que toma siempre precauciones adicionales para garantizar su seguridad si lo consideras necesario.

Manejar los conflictos utilizando el apego

Para alguien con TLP, el conflicto puede ser un momento decisivo (incluso cuando no tiene por qué serlo). El conflicto es una parte perfectamente normal de cualquier relación y puede incluso hacerla más fuerte si se maneja adecuadamente. Dicho esto, una persona con TLP no lo ve de esta manera; de hecho, el conflicto es visto como un marcador de abandono y rechazo, lo que resulta en sentimientos de vergüenza y culpa. Un pequeño conflicto puede incluso llevar a alguien con TLP a cuestionar toda la relación; esto puede ser perjudicial para ambas partes. Como estructura de apoyo, depende de usted animarles a ver los conflictos como bloques de construcción de una relación más fuerte.

Si surgen conflictos entre usted y un ser querido, procure seguir construyendo la relación y superar esas dificultades. Al permanecer atento y apegado a lo largo de los conflictos, estará curando al individuo con TLP y fomentando un cambio significativo y duradero. Si surge un conflicto y no está seguro de cómo manejarlo, intente centrarse en ese comportamiento específico en lugar de hacerle sentir que está atacando su carácter. Concierte una llamada telefónica o una visita para discutir el conflicto y el camino a seguir, y asegúrele que, aunque no esté contento con lo ocurrido, está aquí para quedarse y no le abandonará.

Practicar el autoconocimiento

Esto es extremadamente importante ya que implica tu propio autocuidado y límites. Hacer el esfuerzo de comprender y apoyar a un ser querido con TLP es algo increíble por varias razones. Dicho esto, también puede ser extremadamente agotador emocionalmente cuando te permites dar más de lo que recibes en una relación. Preste mucha atención a sus niveles de estrés y comprenda sus límites. Exprese siempre cómo se siente de la manera más amable y explique que necesita cuidarse para poder ser la mejor estructura de apoyo posible.

Tenga siempre presente que toda relación sana requiere dar y recibir, pero una relación con alguien con TLP requiere un poco más de entrega de su parte. Nunca tengas miedo de expresar cuando necesitas un pequeño descanso, pero enfatiza que esto no es el final de la relación.

Dedique tiempo a actividades divertidas

Una de las mejores formas de establecer una relación y un vínculo con un ser querido con TLP es organizar juntos actividades relajantes y agradables. Asegúrese de que la actividad que elija sea de disfrute mutuo y fomente la relajación y la diversión. Actividades como ir de excursión, pasear, ir al cine, tomar un café o comer son salidas saludables que fomentarán interacciones positivas y reforzarán su vínculo. No sólo usted disfrutará y se sentirá más relajado, sino que su ser querido con TLP se sentirá más unido. Intente programar estas salidas al menos una vez por semana y haga todo lo posible por cumplir con los planes.

CAPÍTULO 6: ESTABLECER LÍMITES SALUDABLES Y COMUNICACIÓN

En los capítulos anteriores, hablamos de lo increíblemente importante que es no sólo estar ahí para su ser querido con TLP, sino también ocuparse de sus propias necesidades. Si bien esto sólo se trató brevemente, este capítulo profundizará en los detalles sobre la mejor manera de comunicarse y establecer límites saludables con una persona con TLP. La clave para mantener una relación saludable para ambas partes es comprender cómo comunicarse eficazmente, que es exactamente lo que se tratará en este capítulo. Comencemos.

¿Por qué son tan importantes los límites?

Los individuos con TLP tienden a descargar su ira en las personas más cercanas, lo que puede resultar extremadamente traumático y emocionalmente agotador para sus seres queridos. Tener que lidiar con esto continuamente puede dejar a la persona sintiéndose completamente perdida, ya que esto puede sentirse como un abuso. A veces puede sentirse impotente y que los síntomas del TLP han tomado el control total. Aunque esto pueda parecer cierto, la verdad es que ¡usted tiene más control del que cree!

Independientemente de quién sea la persona que padece TLP, le debes a ella y a ti mismo aprender nuevas técnicas para tratar estos problemas. Esto te ayudará a comunicarte mejor y a mejorar tu relación con ellos, aunque sientas que es unilateral. Tomando el control sobre sus propias reacciones, estableciendo una comunicación tranquila y clara y fijando límites, puede acelerar los signos de mejora y dar un claro ejemplo de cómo deben interactuar dos personas con calma y respeto.

A estas alturas es probable que ya sepa que un ser querido padece TLP, por lo que conoce los signos y síntomas a los que debe prestar atención. Si no está seguro, puede consultar el segundo capítulo. Por ahora, debe priorizar sus propias necesidades y su salud mental para poder ser la mejor estructura de apoyo posible para ellos, lo que me lleva al siguiente punto.

Pasos importantes para el autocuidado

Si usted es padre de un niño con TLP, puede ser extremadamente fácil caer en un patrón de complacer todos sus caprichos con la esperanza de poder evadir un estallido. Sinceramente, no se está haciendo ningún favor ni a usted ni a su hijo. De hecho, esto sólo provocará agotamiento por su parte y, posiblemente, depresión y otros problemas de salud mental. Además, es probable que su hijo no llame a su puerta para agradecerle sus sacrificios. Entonces, ¿cuál es el mejor camino a seguir?

Lo mejor que puedes hacer por un ser querido con TLP es ponerte tu propia armadura antes de entrar en el campo de batalla. Si no lo hace, ¡acabará siendo derribado y perdiendo la batalla! Para ello, puede intentar seguir los pasos que se indican a continuación.

Únase a su propio grupo de apoyo para TLP

En primer lugar, debes recordar que no estás solo. Hay muchas otras personas en el mundo que están pasando por las mismas dificultades, y sin duda puede ayudarte a sentirte mejor si puedes relacionarte con otras personas. Consulta en tu periódico local si hay algún grupo de apoyo en la zona o, si no, puedes unirte a un foro online sobre TLP. Lo importante es que pueda compartir su experiencia y sus sentimientos con otras personas y obtener consejos útiles. Como mínimo, tendrás un espacio seguro para desahogarte.

Mantener a los demás cerca

Cuando estás lidiando con un caso difícil de TLP, puede ser muy fácil distanciarte de otras personas con la esperanza de que no sean víctimas o testigos de un arrebato agresivo. El problema con esto es que te estás aislando de amigos y familiares que se preocupan por ti e incluso pueden querer ayudarte. Como ser humano, necesitas una mano amiga, un hombro en el que apoyarte y alguien que escuche tus preocupaciones y te dé una respuesta realista. Al aislarse, se está abriendo a la manipulación del individuo con TLP, lo cual no es saludable para ninguno de los d os.

Vigilar los niveles de estrés

Puede ser muy tentador perder la calma cuando se ha tenido un largo día de trabajo y las emociones están a flor de piel. Dicho esto, si pierde los estribos y la persona con TLP hace lo mismo, se enfrentará a una posible explosión. También debe saber que el individuo a menudo pondrá a prueba su paciencia, y una respuesta hostil y enojada sólo alimentará su ira. Para evitarlo, haz lo que puedas para controlar tus niveles de estrés, ya sea respiración lenta, yoga, meditación o ejercicio. Las técnicas de respiración profunda son una de las mejores formas de frenar la ansiedad y el estrés en el momento en que se producen.

Dé prioridad a su salud

Puede ser extremadamente fácil descuidar tu dieta, sueño y rutina de ejercicios cuando estás en medio de una semana emocionalmente tumultuosa. Por mucho que no te apetezca, este es un momento en el que deberías dar prioridad a estas cosas. Si no duermes bien y comes mal, definitivamente no estarás en condiciones de manejar los síntomas del TLP de la manera más eficaz. Asegúrate de comer muchos alimentos integrales, beber suficiente agua, hacer ejercicio varias veces por semana y dormir al menos entre siete y ocho horas todas las noches. Esto le ayudará a controlar mejor sus propias emociones y el estrés.

Dedíquese tiempo a sí mismo (y a los demás)

Si bien puede consumir mucho tiempo tener una persona TLP en su vida, ¡esto no significa que deba ocupar todo su tiempo! Permitirte tener una vida fuera de tu relación con ella no sólo es bueno para ti, sino también para ella. Te sentirás más fresca después de haber pasado un tiempo con otras personas y tendrás una perspectiva renovada de la situación. Esto sólo puede beneficiar a tu relación con ellos, y como resultado te sentirás mucho más tranquila y relajada.

Comunicar con eficacia

Si bien hemos tratado brevemente las mejores maneras de abordar algunos escenarios comunes con una persona TLP, ahora nos centraremos en algunas habilidades de comunicación básicas que necesitará aprovechar en situaciones futuras. Una vez que tenga un plan sobre cómo reaccionará ante un arrebato, podrá calmar la situación mucho más rápido. Teniendo esto en cuenta, aquí tienes algunas formas efectivas de mejorar la comunicación, evitar los arrebatos y mejorar tu relación.

Centrarse más en los sentimientos que en lo que se dice

A una persona con TLP a veces le resulta difícil expresar cómo se siente realmente, y esto hace que sus palabras sean malinterpretadas. Como resultado, se malinterpretan sus intenciones y emociones, lo que sólo hace que se sientan más aislados. Lo que puedes hacer para ayudarles es intentar centrarte en las emociones que hay detrás de las palabras que dicen: quizá sus palabras parezcan agresivas, pero en realidad sólo están tristes. Una de las mayores necesidades que tienen las personas con TLP es sentirse reconocidas, por lo que debes indagar un poco más para entender lo que realmente significan sus palabras.

La próxima vez que tu ser querido arremeta contra ti, hazle preguntas e intenta ir más allá de sus palabras para llegar a la emoción subyacente que está sintiendo. En lugar de devolverle las palabras, intenta expresarle que comprendes cómo se siente y que estás dispuesto a escucharle.

No los deprimas (Escucha)

Como he mencionado en el punto anterior, haz todo lo posible por dejar a un lado tu ego, incluso cuando la persona esté poniendo a prueba tu paciencia. Incluso si está siendo completamente irracional, tienes que encontrar dentro de ti la forma de sobreponerte y mantener la calma y la serenidad. Es normal que sientas el impulso de intentar ganar la discusión o decirle que está totalmente equivocado.

Es la naturaleza humana. Lo que tienes que hacer es escucharles y demostrarles que, aunque no siempre estés de acuerdo con ellos, estás dispuesto a escuchar lo que tienen que decir.

Identificar el momento adecuado para una conversación

Aunque realmente necesites tener una conversación y desahogarte, asegúrate de que has elegido la ocasión adecuada. Si tu ser querido te amenaza, levanta la voz y está enfadado en general, ¡no es el momento! Lo mejor que puedes hacer es decirle que quieres hablar con él, pero más adelante, cuando se haya calmado. Si es necesario, aléjate de la situación y vuelve a acercarte cuando se haya calmado la tormenta.

No se centre únicamente en su trastorno

Aunque el trastorno pueda parecer que ocupa un lugar destacado en su vida, es importante que no se lo transmita a su ser querido. Haga todo lo posible por hablar de otros temas que no sean el TLP para aligerar el ambiente y mostrar a sus seres queridos que sus vidas no giran únicamente en torno a su enfermedad. Dedique tiempo a mostrar interés por su vida y sus actividades, y fomente siempre abiertamente los aspectos positivos.

La distracción es la clave

Si notas que tu ser querido está alterado y a punto de estallar, haz todo lo posible por distraerle con una actividad o algo que le guste. Ya sea evocando un viejo recuerdo, sugiriéndole un paseo o una visita a una tienda, o una taza de su té favorito, ¡asegúrate de distraerle! Todo lo que su ser querido necesita en este momento es algo que le calme y le tranquilice lo antes posible, y depende de usted iniciarlo para evitar un episodio.

Practicar la simpatía y la escucha activa

Como ya habrá experimentado, conversar con alguien que padece TLP a veces puede parecer como hablar con un niño pequeño. Si bien puede ser tentador hacerlos a un lado o responder con un comentario igual de inmaduro, lo mejor que puede hacer es concentrar toda su atención en ellos sin distraerse con el televisor o el teléfono. Evita redirigir la discusión hacia tus propios problemas y, en su lugar, intenta mantener el foco en lo que están intentando transmitir. Aunque no estés de acuerdo con lo que dicen, evita a toda costa las críticas y las culpas, *¡no te llevarán a ninguna parte!*

Pasos clave para establecer límites sanos

No hay una manera fácil de decirle a alguien con TLP que tienes que establecer tus límites para preservar la relación, especialmente cuando es tan sensible. Aunque puede resultar difícil al principio, aprender a establecer los límites y mantenerlos os beneficiará a ambos a largo plazo. Aquí aprenderá a establecer sus límites, a explicárselos amablemente a su ser querido con TLP y, lo que es más importante, a mantenerlos.

Fase de preparación

Decide tus límites

Enhorabuena. Ya ha tomado la decisión de establecer algunos límites personales entre usted y su ser querido: ¡ya ha recorrido la mitad del camino! Cuando se trata de establecer límites, algunas personas se sienten un poco confusas sobre cómo determinarlos y establecerlos exactamente. Para facilitar las cosas, tus límites son esencialmente un reflejo de tus valores y tu moral. Una vez que los conozcas, podrás protegerte de situaciones que te hagan sentir incómodo.

Por ejemplo, digamos que uno de tus valores fundamentales es la honestidad y la integridad. Si hay una persona en tu vida que miente constantemente, esto va a provocar una enorme ruptura en tu relación y te va a herir profundamente. Si tu ser querido te miente con regularidad, tienes que hacerle saber que eso es inaceptable y que no lo vas a tolerar. Exprésale claramente que para ti es algo que rompe el acuerdo, y si no puede respetarlo, entonces necesitarás un poco de espacio.

En cualquier caso, haz una lista de todos tus límites con antelación y de posibles ejemplos de cómo podría ser cruzarlos. También es útil recordar experiencias pasadas en las que se traspasaron esos límites.

Decidir un plan

Y lo que es más importante, tienes que decidir un plan sobre cómo reaccionarás si se traspasan esos límites. Si no lo haces, es posible que no estés preparado para manejar la situación en el momento y que tu reacción no sea la adecuada. Recuerda que la clave para establecer límites es ganarse el respeto, así que asegúrate de que tu reacción a su comportamiento refleja este sentimiento.

Por ejemplo, si tu ser querido levanta la voz y te dice palabrotas, debes responder adecuadamente. Ya has hablado de tus sentimientos negativos hacia los gritos y los improperios, pero tu pareja ha traspasado los límites. En lugar de contestarle a gritos, una buena idea es alejarse por completo de la situación. Si es necesario, sal de casa durante unas horas y dale tiempo para que reflexione a solas sobre la gravedad de su comportamiento.

Asegúrate de haberlo planificado antes de que se produzca el acontecimiento para conocer de antemano tu plan de acción.

Prepárese para el contragolpe

Las personas con TLP tienden a ser demasiado sensibles a los cambios en el comportamiento de otras personas, especialmente de aquellas por las que se preocupan. Teniendo esto en cuenta, no es raro que reaccionen con vergüenza, enojo o dolor cuando usted expresa lo que ya no está dispuesto a aceptar. Lo mejor que puedes hacer es preparar de antemano cómo reaccionarás si esto ocurre: ¡no te quedes sin palabras!

Lo mejor que puedes hacer es explicar tu razonamiento con claridad y calma, y hacer hincapié en que lo haces porque te importa vuestra relación. Expresa que te preocupas mucho por ellos y que quieres que la relación prospere, de ahí que estés poniendo algunos límites.

Etapa de confrontación

Elija el momento adecuado

Ahora que ya te has preparado mentalmente, es hora de sentarse y tener esa conversación. La clave está en elegir el momento adecuado, cuando ambos estéis contentos y tranquilos. Si esta conversación es el resultado de sus acciones (en la mayoría de los casos es así), intenta no programar la conversación demasiado cerca del incidente anterior. No querrás que se sientan atacados y, desde luego, no querrás sacar el tema de los límites en medio de una pelea.

Elige un momento en el que esté de buen humor y pregúntale tranquilamente si tiene un momento para charlar. No le des mucha importancia ni te comportes como si hubiera hecho algo terriblemente malo.

Explicar con claridad y calma

A continuación, expréseles sus límites con la mayor calma y claridad posibles. Empiece explicando por qué quiere introducir estos límites y cómo afectarán positivamente a su relación. Empezar con una nota positiva y de forma calmada preparará el terreno para una discusión menos conflictiva, no para un ataque percibido. Aunque es importante mantener la calma, también hay que ir al grano, por lo que no hay que andarse con rodeos.

Puedes empezar diciendo: "Quiero hablar contigo de algo que me ronda por la cabeza. Sé que en el pasado hemos tenido algunos desacuerdos y eso es perfectamente normal. Pero lo que me molesta es que me levantes la voz y me insultes. Me estresa y no puedo comunicarme contigo cuando gritas. Entiendo perfectamente tus emociones y son válidas, pero creo que podríamos reforzar nuestra relación si nos expresáramos con calma y respeto. Realmente necesito esto de ti porque me importas tú y nuestra relación, y no quiero que esto se convierta en una barrera."

Al abordar la situación de esta manera, expresas cómo te sientes sin atacarles ni culparles. Simplemente expones el problema, propones una solución y les informas de cómo prefieres que se gestionen las cosas en el futuro. Es una forma mucho más eficaz de resolver conflictos, ya que también estás expresando que te preocupas por ellos, pero que también necesitas que se respeten tus límites.

Manténgase firme

Ahora que ya has dicho lo que tenías que decir, la pelota está en su tejado para decidir cómo quieren tomarse esta nueva información. Si tienes suerte, puede que se lo tome muy bien y acepte tus nuevas condiciones. Si no, puede que intenten hacerte sentir culpable manipulando tus emociones para que te sientas mal por lo que has dicho. Aquí es donde tienes que ser fuerte. Mantente firme en lo que has dicho y no permitas que influyan en tus nuevos límites.

Si no se atiene a sus límites, echará por tierra toda su preparación, ya que sus seres queridos perderán el respeto por sus esfuerzos iniciales. Aunque esto puede ser frustrante, debes asegurarte de mantenerte fuerte.

Las secuelas

Persevere

Ahora que sus límites están claramente establecidos, sólo puede sentarse y observar. Si su ser querido sigue sobrepasando sus límites, tendrá que ceñirse al plan de seguimiento que pensó antes en este capítulo. La clave es la coherencia: si no permites un comportamiento una vez, no puedes permitir que vuelva a ocurrir si estás demasiado cansado para enfrentarte a él. Si les demuestras que te tomas en serio estos límites, con el tiempo llegarán a respetarlos.

En ese sentido, si les has dicho que las consecuencias de un determinado comportamiento serán que te alejes temporalmente de la situación o que te lleves algo (si eres padre), cúmplelo. No des un ultimátum enfadado en el calor del momento que en realidad nunca cumplirías, ya que sólo conseguirás perder su respeto. En cuanto a los ultimátums, hay que pensarlos bien de antemano y decirlos sólo si realmente van en serio, porque si no carecen de sentido.

Haz lo que más te convenga

Este siguiente punto es delicado, ya que realmente depende de la relación que tenga con la persona con TLP. Naturalmente, no puedes tomar la decisión de apartar a tu propio hijo de tu vida si no respeta tus límites (si es menor de 18 años). Si la persona es un amigo o un familiar, sí tiene la opción de apartarlo de su vida si continúa rompiendo sus límites a pesar de habérselo pedido en múltiples ocasiones. En estos casos, puede que lo mejor para ti sea poner fin a la relación con esa persona o, al menos, sugerirle que se tome un descanso.

Recuerda que nadie te está poniendo un cuchillo en la garganta. Tienes derecho a alejarte de una situación que está dañando tu cordura.

Nota al margen: Si se trata de tu hijo o de alguien a quien sientes que no puedes apartar de tu vida, es perfectamente comprensible. En una situación así, lo mejor que puede hacer es acudir a un psicólogo especializado en TLP. Ellos podrán guiarte en esta difícil prueba y proponerte sugerencias alternativas.

Nota final

Aunque establecer límites es muy importante, no olvides que estás tratando con una persona con un trastorno mental. A pesar de sus mejores esfuerzos, a veces arremeten y pierden la calma. Tienes que intentar diferenciar entre que cometa un error y que continúe deliberadamente con un mal comportamiento con el que te has enfrentado a él. Esto dependerá totalmente de la persona y de lo bien que la conozcas, así que tendrás que usar tu propio criterio. Por último, no olvides asegurarle que te importa.

CAPÍTULO 7: EJERCICIOS DE AUTOAYUDA

Controlar el TLP puede ser un camino largo y difícil, pero con la mentalidad y el tratamiento adecuados, puede gestionarse eficazmente. Uno de los muchos síntomas inquietantes del TLP es la disociación, en la que el individuo se cierra al mundo exterior como consecuencia de un recuerdo traumático o por ser incapaz de afrontar el presente. Otros pueden verlo como soñar despierto o ser grosero, pero se trata simplemente de un mecanismo de afrontamiento utilizado para escapar de pensamientos o sentimientos incómodos. La disociación puede ser voluntaria o involuntaria, y algunos son capaces de controlarla mejor que otros.

Si padece este síntoma como consecuencia de la ansiedad o de un trauma pasado, puede ser una buena idea familiarizarse con algunos ejercicios de conexión a tierra que le ayudarán a afrontar la situación de forma más eficaz. Los ejercicios de enraizamiento adoptan diversas formas y forman parte de la terapia dialéctica conductual. Estos comportamientos se clasifican en diferentes sentidos a los que puedes recurrir para tranquilizarte y distraerte, que se describirán en este capítulo.

Aprender a conectarse a tierra con los cinco sentidos clave

A veces, todo lo que necesitas es un reconocimiento consciente del mundo que te rodea utilizando los sentidos que tu cuerpo te proporciona de forma natural. Las siguientes son algunas de las mejores maneras de calmar la ansiedad inducida por el TLP de forma natural y eficaz:

Auditivo

Una de las mejores maneras de tranquilizarte y poner los pies en la tierra cuando sientes que todo es demasiado es la música. Prepara una lista de reproducción con todas tus canciones favoritas que te hacen sentir feliz y tenla a mano. Cárgala en tu teléfono y guárdala en el bolso con unos auriculares. Escuchar buena música en el transporte público o mientras realizas tus actividades cotidianas puede ayudarte a calmar la ansiedad y a mantener los pies en la tierra. También puedes escuchar podcasts de DBT diseñados específicamente para los síntomas del TLP y la ansiedad, ¡y están disponibles en todas partes y son gratuitos!

Llamar a un amigo íntimo o a un familiar también es una forma excelente de calmar la ansiedad y poner los pies en la tierra. Incluso una breve llamada de sólo unos minutos puede marcar la diferencia si sientes que tu mente está entrando en un mal momento. Siempre es una buena idea contar con alguien de confianza que sepa por lo que estás pasando y pueda estar a tu lado cuando lo necesites.

Por último, si tienes la oportunidad, lo mejor que puedes hacer es separarte del ruido exterior y sentarte un rato en una habitación tranquila para despejar la mente. A veces se necesita un poco de tiempo a solas para calmar los nervios.

Toque

Si te sientes al borde de un episodio disociativo, coge una manta pesada y cálida y túmbate bajo ella durante un rato, ya que esto puede ayudarte a sentirte seguro y protegido mientras te tranquilizas. Si tienes una mascota querida, que se siente a tu lado puede proporcionarte un consuelo adicional y una sensación de control. Cualquier sensación que te ayude a sentirte más tranquilo debe ser tu recurso, ya sea apretar una pelota antiestrés, abrazar a tu mascota o sostener cerca una bolsa de agua caliente (el calor también tiene efectos calmantes *asombrosos*). En caso de duda, un baño o una ducha caliente es una forma segura de relajarse y calmar los nervios.

Visual

Encuentra algo a tu alrededor que sea estéticamente agradable y que puedas mirar para tranquilizarte. Puede ser un cuadro del mar o del bosque en tu dormitorio, o viejas fotos familiares que te traigan recuerdos agradables. Todos estos elementos pueden contribuir a transmitirte una sensación inmediata de calma y bienestar sin mucho esfuerzo. También puedes plantearte crear una página de Pinterest con todas tus imágenes favoritas o seguir cuentas de Instagram con una colección de fotos tranquilizadoras.

Si puede, hacer una excursión a la playa o a una gran masa de agua es una forma segura de encontrar la calma inmediata. El mar no sólo es estéticamente agradable, sino que el sonido de las olas también te aportará una sensación de serenidad.

Pruebe

El gusto es otra poderosa herramienta de conexión a tierra que puedes utilizar para evitar un episodio disociativo. Las bebidas calientes, como las infusiones, son excelentes desestresantes, siendo la manzanilla una de las más populares y eficaces por sus propiedades calmantes naturales. También se dice que los alimentos amargos o ácidos ayudan a combatir la ansiedad. Si todo lo demás falla, mucha gente considera que mascar chicle es una forma muy útil de eliminar cualquier tensión y mantenerse ocupado.

Otro alimento que se dice que calma los nervios es el chocolate. Eso sí, ¡no abuses de los lácteos! Para que tenga efectos calmantes, hay que optar por la variedad oscura, ya que ayuda a estimular las sustancias químicas de la felicidad en el cerebro, lo que reduce los niveles de ansiedad.

Oler

Una de las mejores cosas que puedes hacer dentro y fuera de casa es encender una varita de incienso con un aroma calmante, como la lavanda. También puedes instalar un difusor y comprar una variedad de aceites relajantes para disfrutar del aroma calmante. Si los aromas de tu casa no son suficientes, sal a pasear por la naturaleza y practica la atención plena. Observa cómo huelen la hierba, los árboles y las flores, y simplemente disfruta del momento presente. La naturaleza calma el cuerpo de forma natural. Te sorprenderá su eficacia.

Técnicas de respiración para tratar la ansiedad

Uno de los peores efectos secundarios de la TLP, aunque el más común, es la ansiedad grave y los ataques de pánico. Cuando esto sucede, la sensación puede ser extremadamente aterradora y abrumadora, especialmente cuando no sabes qué hacer o a quién llamar. No es raro sentirse paralizado e incapaz de hacer nada, por lo que su mejor línea de defensa es, de hecho, ¡usted mismo! La falta de aliento es uno de los principales indicadores de un ataque de pánico inminente, por lo que aprender a controlar la respiración es una forma excelente de evitarlos. Dicho esto, a continuación voy a enumerar algunas técnicas básicas de respiración a las que puedes recurrir para aliviar el estrés y tomar el control de tu ansiedad.

Aprender a respirar correctamente

Este es un error común que muchas personas cometen cuando practican la respiración profunda en un intento de calmarse. Muchas personas respiran tan profundamente como pueden cuando se sienten ansiosas, pero esto no le está haciendo ningún favor a su ansiedad. ¿Por qué? Bueno, cuando se respira profundamente se activa el sistema nervioso simpático, que es esencialmente la respuesta de lucha o huida. Esto pone a tu cuerpo en modo pánico y puede *provocar* hiperventilación en lugar de evitarla. No se me escapa la ironía.

¿Qué significa esto? Bueno, básicamente necesitas hacer lo contrario si quieres calmarte y activar tu sistema nervioso parasimpático. En lugar de centrarte en múltiples inhalaciones profundas, céntrate en exhalar todo el aire de tus pulmones lo más lentamente posible y luego inhalar. Como norma general, las exhalaciones deben ser siempre un par de segundos más largas que las inhalaciones. La próxima vez que te sientas muy ansioso, prueba a cambiar tu respiración de la forma descrita y verás cómo te tranquilizas. Entre tres y cinco minutos de respiración deberían bastar para recuperar la paz y la normalidad.

Aliento de león

Esta técnica se denomina respiración del león y consiste en exhalar profundamente y con fuerza, como haría un león.

Sólo tienes que hacer lo siguiente:

- Siéntate con las piernas cruzadas (la forma más sencilla) o, idealmente, de rodillas con los tobillos cruzados por detrás y sentado con el trasero sobre los pies.

- Estira las manos y los brazos, y lentamente coloca las manos sobre las rodillas e inspira profundamente por las fosas nasales, luego espira por la boca con sentido y fuerza.

- Al espirar, relaje los músculos faciales y dirija la atención hacia la mitad de la nariz o la frente.

- Inhale una vez más y repita hasta que se sienta completamente relajado.

Concentración, concentración, concentración

Para la siguiente, tendrás que encontrar un lugar tranquilo donde puedas concentrarte en la tranquilidad y el silencio. Antes de empezar, presta especial atención a cómo te sientes mientras respiras normalmente. Observa si hay alguna tensión en tu cuerpo.

Esto es lo que hay que hacer:

- Inhale profundamente por la nariz.

- Exhale profundamente, liberando toda la tensión de su cuerpo al hacerlo.

- Repítelo durante unos minutos. Presta atención a la subida y bajada de la parte superior del cuerpo mientras lo haces.

- Elige una frase o palabra que te reconforte y concéntrate únicamente en ella. Por ejemplo, "paz y tranquilidad".

- Al inspirar, imagina que el aire que inhalas es una suave ola marina que te baña.

- Imagina que tu exhalación es como si todos tus problemas y ansiedad abandonaran tu sistema.

Realizar esta técnica durante 20 minutos al día supondrá una gran diferencia en tus niveles de ansiedad.

Todo gira en torno a los abdominales

El aspecto más importante de la respiración de relajación es la capacidad de inhalar a través del diafragma; esto ayuda a respirar más profundamente y requiere mucho menos esfuerzo.

A continuación te explicamos cómo practicar la respiración desde el diafragma:

- Empieza por tumbarte en un lugar cómodo, como la cama o el sofá.

- Coloque una almohada debajo de la cabeza y las rodillas para mayor comodidad.

- A continuación, coloca una mano debajo de la caja torácica y otra debajo del corazón.

- Inspira y espira por la nariz, prestando especial atención a la subida y bajada del estómago y el pecho.

- Intenta separar la respiración de modo que inhales profundamente en el pecho.

- A continuación, comprueba si puedes hacer lo contrario, de modo que tu estómago se mueva más que tu pecho.

- El objetivo es que el estómago se mueva más que el pecho. Requiere algo de práctica, ¡pero es posible!

CONCLUSIÓN

El Trastorno Límite de la Personalidad es uno de los trastornos más incomprendidos, por eso es tan importante informarse. Tanto si lo padece usted como si lo padece un ser querido, es importante que entienda cómo funciona y cuáles son las mejores opciones de tratamiento posibles para que usted o su ser querido puedan recibir la atención que necesitan y merecen. El TLP no tiene por qué ser una sentencia de por vida si recibe el tratamiento correcto y toma los medicamentos adecuados. Si usted o su ser querido aún no han recibido un diagnóstico pero sospechan que pueden padecer TLP, se recomienda encarecidamente que acudan a un profesional. Independientemente del resultado, recibirá la tranquilidad de obtener un diagnóstico adecuado.

Por último, y lo más importante, entiende que el TLP no es un reflejo de tu alma ni de tus intenciones. Es una enfermedad que merece tratamiento como cualquier otra. No te hace menos persona. Sé siempre honesto y sincero con los que te rodean, especialmente contigo mismo. Recuerda que tendrás días buenos y malos. Aprecia los buenos y tómate los malos con calma, y comunícalo siempre a tus seres queridos en los peores días. Nunca estás solo en tu viaje, ¡y eres más fuerte de lo que crees!